AF125011

Caroline Régnard-Mayer

MS - Gedankenspiele

Schwächen und Stärken

Books on Demand

Bibliografische Information der Deutschen Nationalbibliothek: Die Deutsche Nationalbibliothek verzeichnet diese Publikation in der Deutschen Nationalbibliografie; detaillierte bibliografische Daten sind im Internet über http://dnb.d-nb.de abrufbar.

© 2014 Caroline Régnard-Mayer
© 2017, 3.Auflage Caroline Régnard-Mayer

Satz und Layout. Caroline Régnard-Mayer
Coverfoto: rodion-kutsaev-1638

Herstellung und Verlag:
BOD - Books on Demand,
Norderstedt
ISBN: 978-3-7386-0902-8

November 2014

Unsere Gedanken stellen einen mächtigen Teil in unserer Persönlichkeit dar. Wir können sie nicht einfach so ausschalten, wie wir es täglich mit einer Lampe tun. Ohne Gedanken können wir nicht das sein, was der Mensch ist. Aber wir können viel mit positiven Gedankenflüssen bewirken. Das ist meine Erfahrung und ich erlebe es ständig im Alltag, beim Schreiben und Kommunizieren mit anderen Menschen. Wobei auch ich nicht vor "schlechten" Gedanken gefeit bin, aber ich lasse sie zu. Sie gehören genauso zu mir wie meine Erkrankung Multiple Sklerose. Und dieser bin ich überhaupt nicht wohl gesonnen.
Trotzdem versuche ich positiv im Umgang mit ihr zu sein.
Mal mehr, mal weniger.
Die MS gehört zu meinem Leben und ich habe sie akzeptiert wie die Luft zum Atmen. Dadurch bin ich gelassener und ruhiger geworden. Wenn ich negative Gedanken über diese Krankheit habe, lasse ich sie zu und verschaffe mir durch das Aufschreiben meiner Gedankenspiele Luft, verarbeite sie dadurch und versuche wieder nach vorne zu blicken. Was bleibt mir auch anderes übrig?! So spüre ich diese Negativität nicht als Ohnmacht. Kein Ausgeliefertsein, wie noch vor Jahren, überschattet mein Tun und Handeln.

Ich lade Sie herzlich ein, meine Gedanken-spiele zu lesen, sich mit ihnen zu identifizieren oder eigene Gedankenspiele zuzulassen. Wir Betroffenen denken alle ähnlich ... Alles ist möglich.
... Schwächen und Stärken.

Schreiben Sie mir Ihre verbalen Spielchen mit ´unserer` MS. Ich bin sehr gespannt, wie Sie mit dieser chronisch launischen Erkrankung wie der MS, umgehen.

Herzlichst
Ihre
Caroline Régnard-Mayer

6

Diagnose und Verlauf

Diagnose

Der Abgrund tut sich auf.
Ich stürze ins Bodenlose.
Schmerz in meiner Seele.
Aber das Leben fängt mich auf.
Meine Kinder.

Das Leben danach

Ich beweine mich, mein Leben.
Ich will nicht akzeptieren.
Ich will hassen.
Ich will zurück.
Ich will mein altes Leben.
Doch die Zeit heilt alle Wunden.

Das Leben geht weiter

Frauenpower
Das Schreiben beflügelt mich.
Räumt meine Seele auf.
Schubladen werden geöffnet.
Geleert und verarbeitet.
Schubladen werden geschlossen.
Das Leben geht weiter.

Verlauf

Die Berg- und Talfahrt beginnt.
Bitte anschnallen.
Zurücktreten vom Alltag des Lebens.
Einsteigen und Türen schließen.
Kortisoncocktail, welch Genuss.
Nebenwirkungen nicht zu bremsen.
Der Alltag fliegt am Fenster der
Klinik vorbei.
Ich möchte aussteigen
Aber es gibt hier keine Haltestation.
Interferone und Copaxone steigen ein.
Keine amüsanten Mitreisenden.
Zum Glück steigen sie wieder aus.
Aber der nächste Mitreisende
Ein griesgrämiger Alter
Im Gepäck die PML.
Ziehen die Notbremse in
unbewohntem Terrain.
Verschwinden im Wald, welch Glück.
Erneuter Aufruf zum Einsteigen
Blauäugig und schrill
Die werde ich so bald als
möglich vergrämen.
Was bleibt!?
Der blaue Engel
Wir werden sehen, ob sie einsteigen!

Progredienz

Ich stelle Fragen.
Mal wieder.
Die Zeit spielte gegen mich.
Neue Wege zeigen sich.
Blaues Blut mit Mitox.
Schleichend abwärts.
Noch ist nichts verspielt,
aber wie schnell die Jahre verflogen.
Das Ende ist offen.

Spielball

Wir tänzeln miteinander
Werfen uns den Ball zu
Schonungslos
Das Spielende ist offen
Schiedsrichter pfeifen
Foulspielen von deiner Seite
Du hast mich mal wieder gelinkt
Aber eine Revanche fordere ich ein
Du gibst sie mir immer und immer wieder!

Das Leben vor und nach der Diagnose

Gegensätze

Ich laufe den Berg hinauf.
Die Sonne wärmt mein Gesicht.
Ich greife alles Alltägliche.
Ich sehe klar und deutlich die Welt.
Ich lebe, ohne zu denken an das
Selbstverständliche.

Ich laufe nur zum Bergrand.
Regen und Gewitter ziehen auf.
Ich greife oft daneben,
Tassen fallen zu Boden.
Ich sehe verwaschen und
stolpere durch die Welt.
Ich lebe bewusst, weil nichts
selbstverständlich ist auf Erden.

Die nächsten Zeilen hätte ich damals im Sommer 2011 nicht anders erzählen können. Zu traurig war diese Zeit für meine Kinder, zu groß meine Ängste für die Zukunft, zu gespalten meine Gedanken über meinen geschiedenen Mann, der in diesem Jahr verstarb.
Doch auch diese Zeit und die Jahre davor mussten verarbeitet werden. Seit September 2001 lebe ich mit meinen Kindern alleine …

Unheilbar krank

Aus Wochen wurden Jahre.
Die Seele schmerzt.
Hoffen und Bangen.
Wieder eine Zeitlang geschafft.
Wunder geschehen.
Doch nur auf Zeit.
Am Ende steht das Aus.

Vertane Jahre

Die Zeit lässt sich nicht anhalten.
Auch nicht zurückdrehen.
Kinder wollen geliebt werden.
Brauchen Schuh und Brot.
Unnütz Geschriebenes.
Böse Worte.
Trug und Betrug erkauft keine Liebe.
Kinderherzen verzeihen viel,
doch nur mit Liebe.
Die Jahre sind vertan
und die Worte nicht gesagt.

Abschied

Abschied auf Raten.
Worte, die gesagt werden sollen,
bleiben nun unausgesprochen.
Hilflosigkeit macht sich breit.
Allein nun auf Ewigkeit.
Kindertränen wollen nicht versiegen.
Tröstende Worte finden
nicht in die Herzen.
Wochen fliegen dahin
und der Tod rückt immer näher.

Sterben

Abschied für immer.
Das Spiel ist aus.
Der Kampf verloren.
Worte hängen in der Luft.
Nicht in Frieden zum Herrn.
Der Tod ist erbarmungslos.
Kindertränen versiegen.
Kraftlos zu Boden.
Allein.

Alter

MS, du alte Frau.
Wir werden zusammen alt.
Ich zeige dir die Zähne
Du mir dein Gebiss.
Benimm dich manierlich.
Dann werde ich es auch sein.
Du meine MS—
auf immer und ewig.
Doch Angst machst du mir nicht mehr.

Glaube zu Gott

Du bist nicht verantwortlich für meine MS.
Bin froh zu dir zu beten.
Es gibt mir Hoffnung.
In mancher Stunde.
Bleibe bitte an meiner Seite
Du gibst mir Kraft und Zuversicht.
Himmel und Hölle.
Das habe ich jetzt schon auf Erden.

Wunschlos unglücklich

Wir wünschen uns so viel im Leben,
um glücklich zu sein.

Wir wollen hoch hinaus,
um glücklich zu sein.

Wir rennen nach vorne,
schauen nicht zurück,
um glücklich zu sein.

Wir treten mit Füßen und
schlagen um uns,
um glücklich zu sein.

Wir wollen leben auf die Kosten anderer,
um glücklich zu sein.

Wir kaufen um die Wette,
konsumieren bis zum Erbrechen,
um glücklich zu sein.

Nichts ist uns zu teuer, nichts zu billig,
um glücklich zu sein.

Wir wollen geliebt werden und
lieben ohne Sinn,
um glücklich zu sein.

Was wollen wir eigentlich,
um glücklich zu sein?

Wohin?

Wohin wird es uns verschlagen?
Aus Frust wurde Unachtsamkeit
Aus Unachtsamkeit wurde Unsicherheit
Aus Unsicherheit wurde der
Alptraum geboren.

Der Albtraum ist da, er streckt
nach mir mit eiskalten Händen,
im Nacken sitzt er, greift mich an
und setzt mich schachmatt.

Aber Trübsal blasen ist nicht mein Ding!

Die MS rumort in meinem Innern,
Synapsen geben Alarm,
nur jetzt die Nerven nicht verlieren,
alles wird gut, rede ich mir ein.

Zahlen im Kopf, Telefonhörer in der Hand,
gibt es denn keine Wohnung für uns?

Wohin wird es uns verschlagen?

Ich gebe nicht auf, es gibt für alles
eine Lösung, auch wenn sie
in weiter Ferne scheint.

Beine spielen verrückt, Ameisen
haben sie erobert, aber noch
halte ich sie in Schach.

Ich bete, der liebe Gott ist bei mir,
auch wenn die Lösung noch
geboren werden muss.

Ich atme auf, ein neuer Weg
wird beschritten.
Es wird uns zu neuen Ufern verschlagen.

Synapsen geben Entwarnung, aber sie sind
auf der Lauer und flüstern mir ins Ohr:
Gib besser Acht auf dich,
das nächste Mal bist du dran!

Äußerlichkeiten

Wie lässt du dich nur blenden
von meinem Äußeren!

Du schaust mir ins Gesicht,
verdeckt die Augenringe und
die Blässe unter Farbe.

Du schaust mich von oben bis unten an,
abgenommen hätte ich,
doch die Lüge steht dir zu Gesicht.

Du schaust mir hinterher,
du meinst, ich könnt ja noch laufen.

Du meinst, du schaust mir in die Seele,
erkennst meine Gefühle
hinter einer Maske,
doch die Lüge steht dir zu Gesicht.

Mein Lachen vertuscht mein aufgewühltes
Inneres, ich werde niemanden in meine
Seele blicken lassen.

Zu oft wurde ich verletzt,
Vertrauen wurde zur Zerreißprobe.

Glück wurde zum Wunschdenken.
Gesundheit als Wertvolles,
doch nun undenkbar.

Blicke, die mir folgen,
brennen sich in meine Haut.

Mut nur gespielt für andere.

Zufriedenheit für kurze Zeit.

Frieden nur mit mir selbst.

Anerkennung durch meine Kinder,
geheuchelt von manch anderem.

Laufstrecken zu Stolperfallen,
Berge nun unerreichbar.

Wie lässt du dich nur blenden
von meinem Äußeren!

„Innerlichkeiten"

Ich liebe meine Kinder,
doch mich zu wenig.

Ich blicke in den Spiegel,
überpinsle mein blasses Gesicht.

Ich trage eine Maske,
spiele meine Rolle fast perfekt.

Ich liebe himmelhoch jauchzend,
zu Tode betrübt.

Ich kämpfe für andere,
für mich bleibt keine Kraft.

Ich sehne mich nach Anerkennung,
umsonst.

Ich biete meine Hilfe an,
allein doch in der Not.

Ich will leben,
habe es verlernt.

Ich will beschützen,
bedarf selbst Schutz.

Ich möchte Nähe,
doch wieder Distanz.

Ich will Vertrauen,
Misstrauen am Ende.

Ich will leben,
ich habe verstanden.

Ich liebe mich,
auf immer und ewig.

Ich akzeptiere,
was ich nicht ändern kann.

Ich verwandle mich ständig,
lerne bis zum Ende.

Ich bin angekommen.

Die MS trat in mein Leben

Die MS trat in mein Leben,
still und leise,
ich ahnte nichts von ihrer
Wut und Ausdauer.

Die MS zeigt mir meine Grenzen,
jeden Tag aufs Neue,
gnadenlos.

Die MS krempelte mein Leben um,
nichts ist wie vorher,
doch zeigte sie mir neue Wege.

Die MS macht einsam,
sie macht mutig,
sie verändert mich,
sie verändert die anderen.

Die MS spiegelt mein Leben,
Ruhe statt Ruhelosigkeit,
Hoffnung statt Frust,
sie stärkt mein Ich.

Die MS ist ein Teil meines Lebens,
mal mehr, mal weniger,
ich träume und hoffe,
ich lasse los und vergebe.

Die MS stärkt mich,
zeigt mir wahre Freunde,
vertreibt einen geliebten Menschen
und doch möchte ich sie
nicht mehr missen.

Seit 22 Jahren schlummert die Multiple Sklerose in mir und seit 2004 habe ich es schwarz auf weiß.

Lesung im „Quellenhof" in Bad Wildbad
(Schwarzwald)

Zurück

Ich komme an, an diesem Ort,
wunderschön der schwarze Wald,
Regen fällt, die Tropfen wie Kristalle,
ein angenehmes Gefühl hier zu sein,
und doch so fremd.

Ich treffe Menschen,
teils mit Verstand, teils mit Herz,
freundschaftlich und andere ohne Namen,
der Tag ist lang,
ich bewege mich durch den Ort,
Erinnerungen werden wach,
lang ist es her und doch nur ein Jahr,
die Klinik zu meinen Füßen,
hier fühle ich mich behütet
und doch so allein.

Ich gehöre nicht mehr dazu,
doch heute Abend für zwei Stunden,

ist es wieder meine Welt,
Ohren lauschen, wir sind verschworen,
gebunden an demselben Geist,
der lahme Beine und uns
anders gesund macht.

Wie schnell die Zeit vergangen ist,
ich drehe dem Ganzen den Rücken zu,
die Sonne scheint heute
am blauen Himmel,
der schwarze Wald grün und grau,
der Abschied fällt mir schwer,
ich fühle mich verbunden und doch allein,
jeder geht seines Weges
in die Welt der Gesunden.

Unbekannter Bekannter

Ich sah dich das erste Mal am Ort,
der mir zur Ruheoase wurde.
Inmitten von Menschen
und doch sah ich nur Dich.

Wir haben kaum miteinander gesprochen,
und doch verstanden wir
uns vom ersten Moment.
Ich verließ diesen Ort und dich,
mit wehmütigem Herzen,
ein letzter Blick zu Dir.

Wir schreiben uns,
öffnen unsere Herzen,
aber nicht füreinander.

Meine Hoffnung stirbt,
die Entfernung zu weit.

Du bist wieder frei und
ich wieder gebunden,
ein kurzes Verlieren.

Die Monate fliegen dahin,
du hältst an mir fest,

nur per SMS und Festnetz.
Ich bin wieder frei und
du wieder gebunden.
Warum verfehlen wir uns seit einem Jahr?

Ich komme zurück an den
Ort meiner Ruheoase,
du in der Menge, doch sah ich nur dich.
Wir haben uns wieder verpasst,
aber wie lange noch?

Unser Leben ist viel zu kurz
und der Ist-Zustand schnell vorbei.

Unbekannter Freund

Mein Besuch ist vorüber,
Vergangenheit.
Ich denke an Dich,
schreibe Dir wie gewohnt,
doch mein Herz weint.
Ich sehne mich nach Dir,
mein unbekannter Freund.
Du bist gebunden und doch traurig,
ich bin frei und doch traurig.

Ich will dich umarmen,
denn die Umarmung gestern,
spüre ich noch.
Ich will mit Dir sprechen,
denn gestern war zu kurz.
Ich will Dich sehen,
denn ich möchte in Deine Augen blicken.

Unbekannter Freund …
Das Leben wird uns zeigen,
ob wir den Zug nicht mehr verpassen,
der Zug der Überraschungen und Ideen.
Wo wird er anhalten,
wo werden wir einsteigen,
werden wir uns erkennen,
an der richtigen Haltestelle?

Unbekannter Freund …
Wenn es nun sein soll,
erkennen wir uns an den Augen,
in der Menge der Fahrgäste,
an der Umarmung zur Begrüßung,
am richtigen Ort zum richtigen Zeitpunkt.

Dieser Zug ist der Beginn
eines neuen Lebens,
mit Höhen und Tiefen,
mit Progression und Stillstand,
mit Aufstehen und Hinfallen,
mit Glück und Verstehen,
mit Geduld und Respekt,
mit Füreinander in alle Ewigkeit.

Ich gab meiner Depression einen Namen[1]. Dies war meine Selbsthilfe in der größten seelischen Not, ein Segen und wahrer Glücksmoment, denn ich konnte an diese schwarz gekleidete Frau, „meine" Mademoiselle, meine Depression abgeben.

Jede Krankheit möchte uns etwas mitteilen und auf meinem langen Weg aus der Depression, erzähle ich mit viel Offenheit und Ehrlichkeit über meine Erkenntnisse und Gefühle.

---

[1] Buch "Mademoiselle klopft an meine Tür! Der eigene Weg mit der Depression und einer Portion Humor

Mademoiselle

Ich frage mich oft, wo du gerade bist.

Die Nächte ein Versinken, nichts denken.
Die Tage ein Gräuel,
tatenlos und ohne Gefühle,
schemenhaft und kalt.

Dein Klopfen an der Tür hörte ich,
und ließ dich eintreten.
Ein Einzug ohne Pomp,
ein Abgang mit Fanfaren.

Du hältst mir den Spiegel vors Gesicht,
tanzt mit mir Walzer,
trinkst Espresso und lachst.

Du lehrst mich wieder zu denken,
zu leben und zu gehen.

Erst Schritt für Schritt,
dann gehen wir auf Reisen.

Ich möchte das Jahr mit dir nicht missen.

Nahm Abschied von dir unter Tränen,
aber du wurdest wo anders gebraucht.

Du nahmst deine Koffer und
Hutschachteln,
ich winkte zum Abschied
und schloss leise die Tür hinter dir.

Ich frage mich oft,
wo du gerade bist.

Die Wandlung

Schwarz gekleidet mit schwarzem Hut,
knallrote Lippen,
blond gefärbte Haare,
Oma statt Mutter,
so standst du vor meiner Tür.

Wir verändern uns beide,
ich innerlich,
du äußerlich.

Ohne dich kein Überleben,
die Sonne verblasst,
der Himmel grau,
das Aufstehen zur Tortur,
endlos der Tag bis zur Neige.

Kein Entrinnen,
dumpf die Gefühle,
das Herz zu Stein.

Mit dir ein Überleben,
die Sonne scheint,
der Himmel blau,
das Aufstehen mutig,
das Leben ist wieder bunt,
die Wandlung vollbracht.

Wer mich wirklich gut kennt, versteht meine folgenden Wortspielereien. Doch werden mich Fremde vielleicht besser verstehen und blicken hinter die Maske, was Wissende nie erahnen können und wollen.

Im Nicht-Verstehen-Wollen verstecken sie sich hinter ihrer Maske. Viele Wegbegleiter würden sich entdecken, wenn sie ihre eigene Maske abnehmen würden.

Nichtsahnend ... Nichtwollen ... Pragmatismus ... Egoismus ... Unsicherheit ...

Maske

Vor langer Zeit setzte ich eine Maske auf.
Schon als Kind griff ich zur Maske.
Sie schützt mich vor Fragen,
Antworten weichen.
Die Maske spiegelt ein heiteres Gesicht.
Verbirgt mein wahres Gesicht.
Mein Maskengesicht narrt Dich und
doch bin ich der Narr.
Du hörst mir zu, doch hören tust Du nur,
was ich nicht denke.
Wie täuscht Dich doch nur meine Maske?
Doch die Maske sehe nur ich.
Ich habe Dich genarrt.
Ich trage die Maske nur für mich.

Maske II

Keiner sieht hinter meine Maske.
Sie schützt mich vor wissenden
und fragenden Blicken.
Ich bin allein hinter meiner Maske.
Und doch so sicher mein
Auftreten nach außen.
Meine Schwächen behalte ich
für mich hinter meiner Maske.
Die Angst, entdeckt zu werden, ist groß
und die Fragen der Wissenden
versetzen mich in Panik.
Eine Maske muss her.
Meine Maske — mein Schutz.

Doch der Wissende wäre meine Rettung.
Der mich liebt und annimmt,
so wie ich bin.
Doch meine Unsicherheit
steht mir im Weg.
Meine Maske schützt mich vor Ablehnung.
Ich setze die Maske auf und
bin wieder allein.

Maske III

Ich hasse meine Maske und
liebe sie sogleich.
Ich spiele ein Spiel.
Innen weich und außen hart.
Sensibel und doch abweisend.
Oberflächliches Geschwätz, das nicht das
ist, was es wirklich ist.
Hinter der Maske schreie ich nach
Anerkennung und Liebe.
Doch wenn ich sie abnehme, schreie ich
nach Schutz der Maske und
Ablehnung durch dich.
Denn ich sage nicht das, was ich sagen
möchte, was ich nicht zu sagen vermag.

Maske IV

Kein Mensch kann mir die Maske
abnehmen, ich lasse es nicht zu.
Zu groß ist die Angst, verletzt zu werden
und erkannt zu werden,
wer ich eigentlich bin.

Maske V

Ich verabscheue mein Spiel.
Es ist oberflächlich und ohne Gefühl.
Ich möchte, dass Du mir hilfst.
Wenn Du deine Hand ausstreckst,
versuche ich sie zu nehmen.
Ich möchte aus meinem Schatten treten.
Aus meiner Angst und Unsicherheit.
Ich will das Licht sehen und
die Sonne spüren.
Lass mich vor meiner Einsamkeit fliehen.
Meine Mauern sind hoch und
die Anzahl der Masken groß.
Ich schlage um mich und verletze.
Aber ich habe nur gelernt,
wonach ich hoffe und schreie.
Lass auch Du mich nicht allein,
schau in mein Inneres hinter die Maske,
auch wenn es nicht leicht wird.

Maske VI

Ich setze die Maske wieder auf
und bin allein.
Ein Versuch war es wert.
Zu lange habe ich gezögert.
Der Moment zerfiel zu Staub.
Es gibt kein nächstes Mal.

Der Schatten an der Kirchenfassade

Der Schatten an der Kirchenfassade,
stahlblauer Himmel über mir,
spiegelt sich in meiner Seele.
Mein Herz hüpft vor Freude.
Endlich angekommen.
Mein eingeschlagener Weg ist richtig,
meine Entscheidung ebenso.
Ich stehe auf und verlasse den Schauplatz,
blicke frohgelaunt zurück,
zum Schatten an der Kirchenfassade.

Ich trete aus dem Schatten

Ich trete aus dem Schatten,
hinaus in die Welt.
Dunkle Tage und Stunden hinter mir,
Sonne durchflutet meine Seele.
Befreit von trüben Gedanken,
das Leben hat mich wieder.
Nur wusste ich es lange Zeit nicht mehr.
Vor der Diagnose bis zum heutigen Tag!

Veränderungen

Schleichend kamst du in mein Leben,
dezent und so leicht wie eine Feder.
Ich spürte dich nicht,
lebte weiter, ohne von
deiner Existenz zu ahnen.

Drei Jahre flogen dahin,
geprägt von Sorgen und
Angst meines Kindes.
Du betäubtest meine Beine,
ich schob dich zur Seite.
Nichtsahnend,
dass du auf der Lauer liegst.

Unser Leben veränderte sich schlagartig,
kaum zwei Jahre später.
Jetzt riefst du nach mir,
strafst mich mit lahmen
Beinen und Müdigkeit.
Doch ich hatte keine Zeit, dir zuzuhören.
Ich kämpfte blind und schlug um mich,
retten musste ich, was zu retten war.
Ich ignorierte dich erneut.

Der Tag kam und du schlugst
erbarmungslos zu.
Deine Geburtsstunde war gekommen.

Unwiderruflich und unheilvoll.
Ich konnte dich nicht mehr leugnen,
und spürte dich in Schüben.

Du und ich, auf immer und ewig.

Kampf

Ich kämpfte an allen Fronten
Ich kämpfte gegen dich.
Ich habe den Kampf verloren.

Akzeptanz

Wer kämpft, hat schon zu Beginn verloren.
Wer akzeptiert, hat Kraft.
Wer mit dir gewinnen will,
muss dich akzeptieren.

Leben mit dir

Ich habe dir notgedrungen einen
Platz in meinem Leben gegeben.
Ich liebe dich nicht, aber akzeptiere dich.
Du hast mir Dinge gezeigt, die ich vergaß.
Ich begehre auf, du zeigst mir
meine Grenzen.
Du zeigst mir neue Wege.
Ich möchte fliehen,
du hältst mich zurück.
Ich stürze in die Tiefe,
du gibst mir deine Hand.
Ich blicke nach vorne,
du bist an meiner Seite.

Veränderungen II

Du kamst unbemerkt.
Ich ignorierte dich.
Du kamst in Schüben.
Ich ignorierte dich.
Du bist nun schleichend.
Ich muss dich nun akzeptieren.

Eine Ära geht zu Ende

Chronisch progredient ist nicht das Ende.
Es ist ein neuer Lebensabschnitt.
Die Ära der Schübe ist zu Ende.
Das Schleichen auf Sohlen hat begonnen.
Keine neuen Therapien am Himmel.
Aber die Sonne geht jeden Morgen
immer noch auf.
Tränen sind getrocknet.
Mut und Hoffnung als Wegbegleiter.
Die Ära ging zwar zu Ende,
aber ein neuer Weg wird beginnen.

Es ist gut, so wie es ist

Ich bin angekommen, hier und jetzt.
Ruhe und Frieden.
Keine Schübe mehr, wie befreiend.
Du bist kein Feind, du bist Vertraute.
Nicht lieben, aber annehmen.
Freude und Gelassenheit.
Ungewiss und progredient die Zukunft.
Annehmen, was nicht zu ändern ist.

Mitox – blauer Engel

Ich muss mich bald entscheiden.
Schonfrist von sechs Monaten.
Tysabri gegen Mitoxantron.
Pest gegen Cholera.

Es ist eine Chance auf dem
schleichenden Weg.
PML gegen Leukämie.
Misserfolg gegen Hoffnung.
Stabilität gegen Fortschreiten.
Hoffnung gegen Mut.
Sarkasmus gegen Zufriedenheit.
Farblos gegen Blau.
Ausgeglichen gegen Bangen.

Ich werde mich entscheiden, blauer Engel,
aber die Zeit ist noch nicht gekommen.

Dieses Gedicht schrieb ich nach der „frohen"
Botschaft der Ärzte, dass im chronischen Bereich
nur noch Mitoxantron für mich als Therapie in
Frage käme.

Schutzengel meines Lebens

Die Schutzengel meines Lebens
fliegen so hoch,
dass ich sie nicht mehr sehe.

Ich rufe nach ihnen,
doch sie antworten mir nicht.

Haben sie mich verlassen?

Ich fühle mich allein gelassen und einsam,
versuche zu akzeptieren,
dass mal wieder nichts so ist, wie es war.

Ich rufe nach ihnen,
doch ich höre nur das
Rauschen des Windes.

Die Schutzengel unseres Lebens
fliegen nie so hoch,
dass sie uns aus den Augen
verlieren würden.

Schwache Worte,
geschrieben in einem
Augenblick der Schwäche,
akzeptiert und verpackt
in einer Schublade,
Blick nach vorne, mir selbst
am meisten verziehen,
kann nichts ändern,
deswegen kein Blick zurück,
ich will Frieden mit der MS,
trotzdem auf der Hut vor ihr,
aber heute mit einem Schmunzeln!

Meine freundliche MS!

Heut bin ich gut gelaunt, meine MS.
Freundlich dir gesinnt,
du flüsterst mir leise Wörter zu,
ich schmunzle und ignoriere dich.

Mademoiselle und Madame MS,
sitzen in einer Reihe,
griesgrämig die eine, giftig die andere,
schwarzer Hut und grüne Schuh,
geschmacklos wie ihre Witze
und Aktionen,
beide in Schüben, dann chronisch,
Mademoiselle und Madame MS,
ihr könnt mich mal!

Morgen bin ich gut gelaunt, meine MS.
Gelassen zeige ich dir den Rücken,
du pfeifst nach mir, ich ignoriere dich,
ich schmunzle und freu mich für mich.

Mobbing

Schlechte Rezensionen für Bücher anderer Autorenkollegen zu schreiben, Neid und Missgunst, falsche Profile auf Facebook - leider nicht selten unter Autoren.

Ich selbst bekomme immer wieder schlechte Rezensionen von mir bekannten Autoren geschrieben. Was zu Beginn verletzt hat, stört mich heute nicht mehr. Denn mittlerweile weiß ich, wer sie sind und ich bin ich nicht alleine davon betroffen. Es bestärkt mich, mich nicht auf dieses Niveau herab zu lassen.

Nach der Hetzkampagne im Januar 2016 schrieb ich folgendes Gedicht ...

Es gibt Zeiten, da sollte man schweigen.
Es gibt Zeit, da sollte man schreien.
Es gibt Zeiten, da sollte man lachen.
Es gibt Zeiten, da wird man verletzt.
Es gibt Zeiten, da werden wir
grundlos beschuldigt.
Es gibt Zeiten, da sollte man sich wehren.
Es gibt Zeiten, da sollte man
nicht schweigen.

Wir betroffene Autoren halten zusammen; wir lassen uns nicht unterkriegen und hinter mir steht eine riesige Leserschaft! Dafür bin ich sehr dankbar. Ebenso für sehr nette Kollegen mit und ohne MS.

Ein paar letzte Gedanken und ein Dankeschön

An all diejenigen Menschen, die mich unter-
stützen, egal bei welchem Buchprojekt, die an
mich glauben und die mich nicht ständig an
mein „anders gesund sein" erinnern.

Ich brauche das Schreiben wie die Luft zum
Atmen, es hilft mir, meinen Alltag und Mada-
me MS für viele Stunden zu vergessen.

Während dem Recherchieren und Schreiben
flüchte ich in eine Welt, die anders ist, schöner
und ohne Vorurteile.

Sie beflügelt meine Seele und lässt mich das
sein, was ich bin und sein möchte.

Ich träume von einem Leben ohne MS und
wünsche mir Freunde, die mich so sehen,
wie ich bin.
Es ist gut, so wie es ist!

Über die Autorin

Caroline Régnard-Mayer, geboren im Mai 1965, ist von Beruf MTLA. Berentet seit 2005 durch ihre Erkrankung Multiple Sklerose. Sie hat zwei Kinder und lebt in Landau in der Pfalz.

Die Autorin schreibt Ratgeber für andere Betroffene zur Ermutigung und Information, ebenso zur eigenen Krankheitsbewältigung. Bekannt in Fachkreisen wurde sie mit ihrem ersten Buch „Frauenpower trotz MS ... aus dem Leben gegriffen!". Das wichtigste Buch für die Autorin ist ihr Ratgeber "Wir haben MS und keiner sieht es!", erschienen 2015. Es beschreibt die unsichtbaren Symptome bei Multiple Sklerose und leistet einen wichtigen Beitrag zur Stärkung und Information der Betroffenen und ihren Angehörigen.

Caroline Régnard-Mayer

Wir haben MS und keiner sieht es!

Multiple Sklerose-
unsichtbare Symptome

Im Oktober 2017 erschien der ergänzende Ratgeber "Das Gesicht hinter der Diagnose Multiple Sklerose"...

Der Tag endet nach einem Arztbesuch mit der Diagnose Multiple Sklerose (MS); das ist ein Schock für jedermann. Das Leben steht für einen Moment still. Die Autorin spricht über ihre Erfahrungen und gibt offen und ehrlich Antworten auf oft gestellte Fragen. Caroline Régnard-Mayer ist bekannt durch die Veröffentlichung zahlreicher MS-Bücher sowie ihrem Blog rund um die Krankheit Multiple Sklerose und vieles mehr.

Aufgrund ihrer jahrelangen Gruppenleiterfunktion einer Selbsthilfegruppe und den regen Austausch mit MS-Betroffenen, weiß sie von der anfänglichen Unsicherheit nach dem Erhalt der Diagnose und der daraus resultierenden Hilflosigkeit, die diese Erkrankung auslösen kann.

Caroline Régnard-Mayer macht Mut. Sie gibt erste Hilfestellung und Unterstützung auf dem "neuen" Weg der Betroffenen.

Sie können Kontakt mit der Autorin aufnehmen unter:
www.frauenpower-ms.jimdo.com
www.caroregm.blogspot.de

Lieber Leser, liebe Leserin,
wenn Ihnen meine Gedankenspiele ge-
fallen haben, würde ich mich über eine
Rezension auf Amazon oder anderen
Buchportalen oder im Onlineshop, in
dem Sie mein Buch gekauft haben, sehr
freuen. Als Selfpublisher-Autorin bin ich
auf Unterstützung meiner Leserschaft
angewiesen.
Ich bin dankbar über jede konstruktive
Kritik aber auch ein Lob, denn nur so
kann ich daraus lernen und weiter er-
folgreich für Sie schreiben!
Folgen Sie mir gerne in den Sozialen
Netzwerken oder auf meinem Blog:
www.caroregm.blogspot.de
Auf meiner Autorenseite
 www.frauenpower-ms.jimdo.com erfah-
ren Sie alle Neuigkeiten und die Termi-
ne, an denen ich Lesungen veranstalte.
Ich freue mich über jeden Kontakt mit
Ihnen – schauen Sie einfach vorbei.

Ihre
Caroline Régnard-Mayer
Dezember 2017